DANCE – MUSIC

CUTE PETS!

FÜR MEINEN EHEMANN

AUTOREN / COVER / BILDER

DIRK L. FEILER

TANJA FEILER

Der Song

Die Cute Pets sind sich einig, dass sie das soziale Projekt Tagesstätte – für das soziale Projekt arbeiten Kittys Famile Herr und Frau Feiler

SCHON ÜBER 10 JAHRE FÖRDERN WERDEN. IN FAST JEDER STADT GIBT ES EINE TAGESSTÄTTE, IN DER SICH PSYCHISCH KRANKE MENSCHEN TREFFEN KÖNNEN, UM ZUSAMMEN EINE TASSE TEE ZU TRINKEN, SICH AUSZUTAUSCHEN, ABER AUCH ANSPRECHPARTNER (THERAPEUTEN,

SOZIALARBEITER) SIND, DIE GEZIELT HELFEN KÖNNEN.

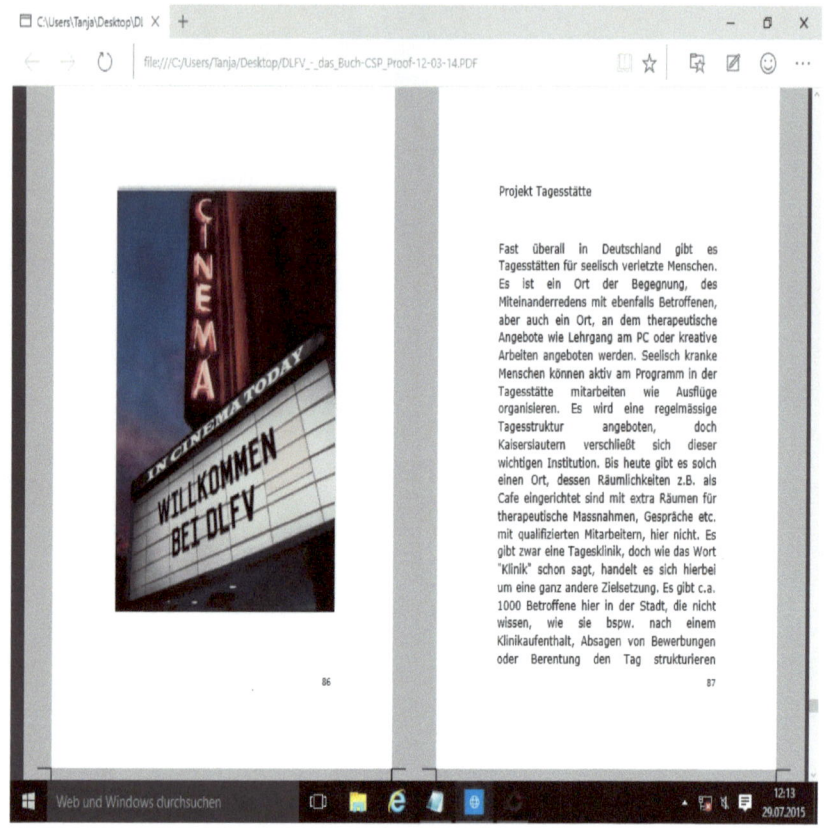

Projekt Tagesstätte

Fast überall in Deutschland gibt es Tagesstätten für seelisch verletzte Menschen. Es ist ein Ort der Begegnung, des Miteinanderredens mit ebenfalls Betroffenen, aber auch ein Ort, an dem therapeutische Angebote wie Lehrgang am PC oder kreative Arbeiten angeboten werden. Seelisch kranke Menschen können aktiv am Programm in der Tagesstätte mitarbeiten wie Ausflüge organisieren. Es wird eine regelmässige Tagesstruktur angeboten, doch Kaiserslautern verschließt sich dieser wichtigen Institution. Bis heute gibt es solch einen Ort, dessen Räumlichkeiten z.B. als Cafe eingerichtet sind mit extra Räumen für therapeutische Massnahmen, Gespräche etc. mit qualifizierten Mitarbeitern, hier nicht. Es gibt zwar eine Tagesklinik, doch wie das Wort "Klinik" schon sagt, handelt es sich hierbei um eine ganz andere Zielsetzung. Es gibt c.a. 1000 Betroffene hier in der Stadt, die nicht wissen, wie sie bspw. nach einem Klinikaufenthalt, Absagen von Bewerbungen oder Berentung den Tag strukturieren

LESEPROBE

Jetzt geht's ans reimen. Sammy ist live zugeschaltet via Chat und beteiligt sich natürlich auch an dem sozialen Projekt der Kuscheltiere.

Daycare song

For the city

That's so pretty

The daycare

For the selfcare

Singing the daycare
song all time long!

DIE MELODIE

DIE LYRICS SIND FERTIG,
JETZT KOMMT DIE
MELODIE. DA IST ALIEN
FÜR ZUSTÄNDIG. ER MIXT
AM PC DEN PASSENDEN
SOUND. DIE MUSIKER WG
HÄLT NICHTS DAVON,
ERST WIE FRÜHER ALLES
IN NOTEN ZU VERPACKEN,

SIE FANGEN DIREKT MIT DER MUSIK AN. PROMPT!

SINGING THE DAYCARE SONG ALL TIME LONG!